LIDERAZGO CON "l" MINÚSCULA

Liderazgo con "l" Minúscula

DR. Luis Fernando Cabrera Mir

ESTRATEGIA PYME PROFESIONAL PARA RESPONDER AL PASADO... PANDEMIA

librerío

1a. edición, noviembre del 2022
ISBN: 9798362228569

© LIDERAZGO CON "l" MINÚSCULA
© LUIS FERNANDO CABRERA MIR
Todos los derechos reservados.
© LIBRERÍO EDITORES

FB @Librerio.editores
www.librerioeditores.com.mx

Queda prohibida toda la reproducción total, parcial o cualquier forma de plagio de esta obra sin previo consentimiento por escrito del autor o editor, caso contrario será sancionado conforme a la ley de derechos de autor.

CONTENIDO

Mensaje especial a los empresarios...7

Prólogo...9

Presentación del libro..13

Reflexiones día a día..15

Reflexiones planteamiento del problema..43

Manual de cultura organizacional...65

Presentación del director general..67

LIDERAZGO CON "l" MINÚSCULA
MENSAJE ESPECIAL A LOS EMPRESARIOS

Esta aportación versa sobre la creación y el desarrollo de la empresa que tuvo un crecimiento constante en el aumento de su valor. Esto visto en su totalidad es un pensamiento de los más materiales sobre administración de empresas que haya yo escrito.

El crear una cultura emprendedora rebasa con mucho la simple historia de muchas PYMES mexicanas. Es una aportación de ideas magníficas sobre administración de empresas, pues abarca dirección y administración. Son tantos los pensamientos bien concebidos, expresados en una forma tan citable, que pocos lectores que hablen en público o que escriban textos para ser publicado resistirán la tentación de plagiar el escrito lúcido y claro presentando aquí con una innegable economía de lenguaje.

Una de las razones que, explican que esta obra me parezca tan importante es que he pasado mi vida en medio de un entorno mexicano. México, un país con ganas de emprender, México no tiene hipotecado su futuro. Existen universidades mexicanas que tienen muchos alumnos activos, de los cuales, un 80 por ciento han tomado la materia de Emprendedores. Muchos de estos alumnos participan en crear negocios diferentes. Cada mes, se reciben noticias de sus proyectos de empresas, en particular, aquellas que son más Jóvenes, más Innovadoras y con una administración más profesional. Y también, como profesor de administración estoy en contacto continuo con muchos empresarios exalumnos que han tenido éxito. ¡Tanto como vocación y pasión, participo Intensamente con ellos en una amplia gama de actividades de educación de tipo empresarial! Es por esto qué soy muy perceptivo de las necesidades de educación en cultura emprendedora del grupo de Jóvenes más productivo económicamente de nuestro país, formado por quienes están deseosos de asumir la responsabilidad de las vidas de otras personas por el simple hecho de ser empresarios, dueños-directores. Son pensamientos y reflexiones dirigidos a ellos, que habla de ellos. Versa sobre el cambio constante y sobre la necesidad de darle la bienvenida, no de ver con espanto a la posibilidad y a la certidumbre del cambio. Liderazgo con "l" minúscula.

TOMAR EL LIDERAZGO EN TU PEQUEÑO ÁMBITO FAMILIAR Y PROFESIONAL

PRÓLOGO

Sergio J. Hernández y Rodríguez.
LIDERAZGO CON "l" MINÚSCULA
"El mejor líder es el que no se siente"
Si deseas conocer a una persona dale poder.

Primera parábola.

"Se dice que el rey Federico de Prusia, quien a pesar de su nivel de nobleza lo dominaba su temperamento y lo mareaba su jerarquía".

Se cuenta que un día en Viena capital del imperio Austro-Húngaro paseaba por los bulevares de esa hermosa capital con tranquilidad cuando de pronto lo ve un ciudadano de su imperio y trata de evadirlo escondiéndose en un portón; pero el rey lo sorprende y le pregunta: ¿Qué haces ahí, acaso es tu casa?

- ✓ Cuando el sorprendido le dice, no mi rey es que me dio miedo.
- ✓ ¡Como si soy el rey debo ser amado!
- ✓ ¡Entendido!
- ✓ Me debes amar, querer y respetar y en estado de cólera tomo su bastón e intento pegarle.
- ✓ Perdóneme mi rey.
- ✓ Yo soy tu soberano te ordeno que me ames, lo oyes bien y se fue furioso.

Moraleja.

Al rey se le olvido el axioma que dice "nobleza obliga", que significa que en cualquier nivel de autoridad el líder, jefe, el coordinador, incluso el rey se debe ser respetuoso.

Fernando Cabrera Mir en su obra liderazgo con l (ele) minúscula comunica al lector el ejercicio del liderazgo o autoridad requiere resultados extraordinarios con actitudes humildes, con vocación y visión de servicio.

El ser líder es un privilegio, es una alta responsabilidad de mantener al equipo integrado, con fe y con espíritu de ayuda mutua.

Segunda parábola.

Los canteros y constructores de catedrales.

En la edad media era común que los escultores o picapedreros iban puliendo las piedras con precisión milimétrica como si fuera un rompecabezas de miles de piezas por lo que, la parábola de los canteros es ilustrativa para orientar a quien les toca el privilegio de ejercer el liderazgo.

En una ocasión un transeúnte estuvo observando la construcción de la catedral de su población y pregunto a tres canteros que hacen.

El primero le contesto que se ganaba un salario tallando piedras el segundo le dijo que, hacia una puerta para un templo, el tercero dijo estoy trabajando para hacer una catedral para adorar a Dios, acto seguido se preguntó cuál de los tres está más conectado con la misión y visión del trabajo colectivo de trascendencia.

En las organizaciones del siglo XXI los líderes con "l" minúscula son los constructores de personas auto-realizadas con sentido amplio de su existencia.

Reflexión sobre esta parábola de constructores de la catedral: el trabajo principal de los líderes de un equipo es formar colaboradores de la empresa y hasta servidores del país, por lo tanto, los líderes son la piedra angular de la construcción de organizaciones sólidas por lo que saben y también al tratar de no ejercer liderazgos protagónicos de esos que hacen mucho ruido y generan pocas nueces; son dañinos para los colaboradores y las empresas.

Conclusión.

Me siento muy honrado por la convocatoria que me hizo el Dr. Fernando Cabrera Mir para que elaborara este documento para la presentación de su libro.

Fernando es un líder con "L" mayúscula que ha destacado en su fase empresarial, en su fase educativa lo que le permitió llegar a los altos niveles gerenciales, por lo que, desde mi visión, su libro es clave para la formación de gerentes y por lo tanto le expreso mi sincera felicitación.

Profesor
Cesar Aguado Cortes

Es un trabajo notable y con lucidez, que busca transmitir y enseñar a todos sus lectores, todo acerca del liderazgo en las organizaciones y en el ambiente de los negocios.

Es una excelente obra escrita para identificar, medir, analizar y que además propone soluciones dentro del ámbito del liderazgo para aplicarlas dentro de las pymes mexicanas. Una extraordinaria lección teórica y práctica.

Profesor
Gustavo Palafox

El dr. Fernando Cabrera aborda el tema de liderazgo que fascinante y de enorme importancia en los ámbitos empresariales, familiares y sociales con un enfoque original, pues nos enseña a ejercerlo desde la sencillez, la humildad y la naturalidad y con un sentido pragmático para poner en práctica los principios y valores imprescindibles para lograr resultados con la participación y la colaboración inteligente y comprometida de colaboradores en todo equipo humano.

En esta obra se destaca el contexto del líder tradicional que se ha vuelto obsoleto. Un verdadero líder no es aquel que es conocido por ser un dictador de órdenes. Es necesario que sea alguien capaz de guiar a un equipo a la ejecución de tareas, identificando las necesidades de cada uno de los miembros, siendo capaz de inspirar y transformar personas positivamente. La integridad del líder no es idealista. Descansa en una inteligencia práctica sobre la manera cómo funcionan los procesos.

Un buen liderazgo consta de hacer menos y SER MEJOR.

Los aprendizajes que obtengas de la lectura de está páginas serán una buena fuente de inspiración para un alto desempeño.

¿Podemos los presentes ser líderes?

Respuesta:
Sí, pero líderes con "l"
No necesariamente con "L"

REFLEXIONES DEL DÍA A DÍA
EMPRESARIO LÍDER CON "l" MINÚSCULA

Somos 125 millones de mexicanos y durante unos 24 años hemos tratado de arreglarnos sin líderes, no nos ha ido muy bien. Entonces, reconozcamos que:

¡NO PODEMOS FUNCIONAR
SIN LÍDERES!

- ✓ El imperativo del México actual
- ✓ Posicionarse
- ✓ El posicionamiento es la punta de lanza de liderazgo con "l" minúscula
- ✓ La clave de cualquier plan de cambio personal: Posicionarse
- ✓ Posicionarse como líder en mi pequeña empresa
- ✓ En mi familia es el buen futuro próximo
- ✓ Más que otra cosa, es el éxito del nuevo liderazgo depende de su actitud positiva.

¿Falta de liderazgo?
¿Existen líderes en el país?

Repuesta:

Sí, y sabemos que hay muchos, los hemos conocido, hemos hablado con ellos. Pero no nos vendrían mal unos cuantos más.

Llegar a ser líder no es fácil, como no es fácil llegar a ser directivo, médico o poeta. Quien sostenga lo contrario se engaña. Sin embargo, podemos APRENDER.

"EN EL FONDO, LLEGAR A SER LÍDER ES SINÓNIMO DE LLEGAR A SER UNO MISMO...
ES ASÍ DE SENCILLO Y TAMBIÉN ASÍ DE DIFÍCIL.

EL LIDERAZGO ES COMO LA BELLEZA: DIFÍCIL DE DEFINIR...
... FÁCIL DE RECONOCER CUANDO UNO LA VE.

A LOS LIDERES LES CORRESPONDE:
- ✓ Un papel significativo en la creación del estado de ánimo de la sociedad.
- ✓ Servir como símbolos de la unidad moral de la sociedad.
- ✓ En nuestro México, "la Nación llama, pide liderazgo y no hay nadie en casa".

HAY TRES RAZONES BÁSICAS POR LAS CUALES LOS LIDERES SON IMPORTANTES:
1. Son los responsables de la eficacia de las organizaciones.
2. Son los detonadores de cambios positivos.
3. Existe una gran preocupación nacional por la integridad de nuestras instituciones.

HAY VARIOS FACTORES PARA QUE EL DIRECTIVO LÍDER GENERE VALOR

A. HACER FRENTE AL CAMBIO: LÓGICA BIOLÓGICA. ADAPTARSE – ADELANTARSE – ESPECIALIZARSE.

B. INICIAR Y FORJAR UN FUTURO NUEVO.

1. LOS LÍDERES GENERAN VALOR AGREGADO

LEALTAD EN EL EQUIPO HUMANO

Lealtades que añaden valor. Formación de personas independientes.

Aprender a escuchar es, en primer lugar, aprender a tener paciencia, a dejarse llevar por lo que dice la otra persona, sin distraernos con lo que le vamos a contestar.

1. GENERAR VALOR LIDERAZGO CON "l"

Generar valor... no más análisis abstractos sino consejos pragmáticos para convertir lo que sabe en acción, para cerrar la brecha entre saber y hacer.

Te recomiendo desarrollar positivos que puedan ayudarte a ti y a tu empresa a formarse el hábito de crear valor: cerrando la brecha entre visión, no visiones y realidad.

A empresarios PYMES les pasa igual. Tú sabes bien qué es lo que diferencia a tu compañía de las demás. Y lo sabes tú, sobre generar valor, como para tener un amplío acervo de buenas intenciones.

¿Pero qué se hace en realidad?

Irónicamente, el primer paso para crear valor es analizar tu PYME. Necesario y de manera inmediata identifica y elimina cualquier comportamiento que no te permita lograr más... VALOR.

Si lo que buscas son soluciones fáciles para tener tú organización más sana, no las encontrarás aquí. Pero sí te daré consejos serios para lograr un cambio real que genere valor real.

Durante años he recomendado a las PYMES mexicanas, deberían enviar un correo electrónico urgente, concreto donde ordenarás a todos checar el logro de Objetivos de la semana pasada y exclusivamente en las actividades que generen valor. ¿Por dónde empezarán? ¿Por dónde empezarías tú mismo?

Lo difícil es convertir la visión en objetivos y acciones medibles y tangibles... cuantifica de manera urgente TUS OBJETIVOS, la incertidumbre respecto a cómo se crea valor normalmente, proviene de lo que no se le ha comunicado a tú personal, no de lo que sí sabe y conoce.

"CUIDADO"... Comportamiento empresarial sin darle importancia al valor.

Te enfocas a modelos de negocios y tecnologías establecidas antes y durante cambios mundiales importantes, y después de que los cambios en tú mercado se volvieron obsoletos.

2. LOS LÍDERES ABRAZAN EL ERROR

Fallar no te convierte en un fracasado. Rendirte, aceptar el fracaso y no querer volver a intentar, si lo hace.

"FRACASAR NO ES UN PECADO, ES APUNTAR DEMASIADO BAJO"

John Wooden
Entrenador de baloncesto en UCLA

2. ERROR LIDERAZGO CON "l"

Cometer errores y ser corregido es una de las formas más poderosas para adquirir y conservar aprendizaje.

Además, como Directivos, padres o profesores no deberíamos limitar nuestro comportamiento a corregir el error, sino asegurarnos de que los gerentes, padres y catedráticos reconozcan, comprendan y expliquen la razón por la que la respuesta no es correcta.

¿Cómo podemos crear en la empresa un clima de confianza en el que los gerentes, jefes y trabajadores puedan cometer y aprender de sus errores?

Seguramente, como directivo o líder, tienes varias respuestas: simplemente decir que podemos animarles para que no abandonen y continúen buscando la solución correcta. De este modo, la recompensa por capacitarse sigue siendo el foco de atención. Los componentes de mi empresa no sólo necesitan "permiso" para equivocarse y que esa es también una forma de entrenamiento y aprender del día a día. Hay que aplicar de manera rápida retroalimentación para entrar en proceso de mejora continua.

¿Cómo podemos crear nn nuestra área de trabajo un clima de confianza en el que los directivos y trabajadores puedan cometer y aprender de sus errores?

Seguramente la primera será y se tienen varias respuestas. simplemente decir que podemos animarles para que no abandonen y continúan buscando la solución correcta. De este modo, la recompensa por la capacitación y aprendizaje sigue siendo el punto de atención. los componentes no sólo necesitan "permiso" para equivocarse, sino que deben sentir y saber que están bien equivocarse y que esa es también una forma de desarrollo.

3. LOS LÍDERES ESTIMULAN LA REPLICA REFLECTANTE

El rey despidió a un oficial de altísima jerarquía...
- Desarrollan la autocrítica.
- Descubren algo más acerca de sí mismos.
- Tienen en la vida alguna persona que les dice la verdad.

3. AUTOCRÍTICA, UNA ACTITUD BÁSICA PARA EL DESARROLLO Y CRECIMIENTO DE MI LIDERAZGO CON "l"

La autocrítica debe ser necesaria, tanto desde el plano individual como de manera colectiva. aunque en ocasiones ésta puede ser percibida dentro de las empresas como algo negativo, la crítica que es constructiva constituye un análisis tremendamente valioso para conocer el estado de salud de nuestra empresa.

Echarnos la culpa por todo, incluso por situaciones que no hemos provocado, es una pésima práctica bastante habitual que hay que eliminar de nuestro día a día. tenemos que cambiarla por esa autocrítica constructiva que hemos mencionado. tomar conciencia y responsabilidad de una mala decisión que hemos aplicado o de una situación problemática que hemos generado y buscarle solución, para que la próxima vez que nos pase seamos capaces de subsanarlo de forma rápida y eficaz, es decir, rodear la roca sin llegar a golpearnos,

pero debemos ir más allá y utilizar la autocrítica constante con estas técnicas, para ser más productivos en nuestro día a día. la autocrítica es una buena forma de ver en qué nos hemos equivocado y dónde podemos mejorar. Por ejemplo, sí nos marcamos como meta realizar 10 llamadas y lograr cita con clientes en el día y sólo hemos llegado a 6, hemos de preguntarnos: ¿qué es lo que ha pasado? ¿Por qué no he cumplido con el objetivo que me había propuesto? Y lo más importante, ¿qué estrategias y planes debo de diseñar para que mañana y la semana próxima no vuelva a ocurrirme?

Los directivos siendo profesionales y autocríticos son seres humanos que tienen motivación para alcanzar los objetivos y las metas que se propongan. Tienen actitudes positivas y no caen en el victimismo cuando algo no le sale bien. hay que siempre mirar hacia adelante para construir el futuro desde hoy y no voltear al pasado para estar lamentándose en vano.

4. LOS LÍDERES FOMENTAN LA DISENSIÓN

- Rechazan al "Yes man".
- Los líderes necesitan rodearse de personas que tengan opiniones distintas a las suyas.

FOMENTA LA DISENSIÓN LIDERAZGO "l"

> **Comunicación y disensión eficaz.** los directivos y los miembros del equipo deben intercambiar información y retroalimentación, para entre ellos a ver cómo lo están haciendo y cómo lo pueden mejorar día a día y momento a momento.

Eficiencia en el desempeño. Todos los miembros del equipo organizacional deben estar convencidos de la idea de que el equipo de trabajo y realmente eficiente, y que se consiguen siempre óptimos resultados

Responsabilidad. Un excelente equipo tiene responsabilidad y trabajo efectivo sobre sus acciones y logros obtenidos.

Liderazgo. El líder con "l" minúscula ha de tener la visión de hacia dónde va la empresa; debe ser capaz de comunicar a su equipo las metas para que los esfuerzos se dirijan hacia la dirección correcta.

5. LOS LÍDERES ENTIENDEN EL EFECTO PIGMALIÓN:

Bajas expectativas = Bajo desempeño.
Altas expectativas = Alto desempeño.

LOS LÍDERES ENTIENDEN EL EFECTO PIGMALIÓN LIDERAZGO "l"

Cuenta la mitología griega que Pigmalión fue un famoso escultor que terminó enamorándose locamente de una de sus esculturas, en concreto de su obra llamada Galatea. Tal fue el amor que sentía hacia ella que la diosa Afrodita, muy conmovida por el deseo de Pigmalión y empujada por su compasión, finalmente le otorgó vida a la escultura, transformando a Galatea en un ser humano, la convirtió en una mujer de carne y hueso. Mas tarde Pigmalión se casó con ella y fruto de su amor, nació su hija Pafo. La expectativa cargada de deseo se hizo finalmente realidad.

EL EFECTO PIGMALIÓN EN LAS ORGANIZACIONES. TAMBIÉN ESTE EFECTO ES MUY IMPORTANTE PARA MEJORAR.

LA PRODUCTIVIDAD, EFICIENCIA Y EFECTIVIDAD DE LAS EMPRESAS.

Un ejemplo claro de ello lo comprobamos cuando un trabajador recibe de manera continuada la retroalimentación positiva y el reconocimiento de su jefe, aquí, su autoestima sube y existe una alta posibilidad de que el empleado muestre un alto desempeño y mejores resultados constantes en sus actividades y funciones. en el polo opuesto tendríamos justo lo contrario, y es que cuando de manera habitual, las capacidades y funciones de un trabajador son criticadas, lo que ocurre, de nuevo por el efecto Pigmalión, es una disminución en la calidad del trabajo. de esto se deduce que transmitir expectativas positivas sobre un grupo determinado, impacta en el buen rendimiento de ese grupo de personas, directivos, gerentes y trabajadores. Caminemos en esa perspectiva.

6. LOS LÍDERES TIENEN EL FACTOR NOBEL: OPTIMISMO

"Que las aves de la ansiedad vuelen sobre tu cabeza, es cosa que no puedes cambiar; pero que aniden en tu cabello, eso sí lo puedes evitar.

El Premio Nobel de Literatura (en sueco Nobelpriset i litteratur) es entregado cada año por la Academia Sueca a «escritores que sobresalen por sus contribuciones en el campo de la literatura». Cada año, la Academia Sueca envía las candidaturas al Premio Nobel de Literatura.

Premios Nobel. Además, tienen una visibilidad que difícilmente puede ser comparada con otro. Pero, ¿Qué representa para la sociedad? ¿Por qué son tan importantes? En una época en la que se están perdiendo gradualmente humanistas, de convivencia y generosidad, los Premios Nobel representan un último bastión. Buscamos con ellos una referencia, no solo de excelencia, si no de honestidad, entusiasmo, entrega por unos ideales, que inspira tanto a profanos como profesionales. Muchos de los galardonados eran reconocidos entre sus pares como individuos singulares, mucho antes de que fueran premiados. Y después de serlo, no han dejado de comportarse como personas con cualidades humanas. Es por eso por lo que convivir con ellos durante una semana en un entorno relajado como Lindau puede representar un enorme estímulo y ejemplo para los jóvenes, y no tan jóvenes, que vienen de todos los rincones del mundo a compartir sus experiencias con ellos, a escuchar sus consejos y sentirse uno con ellos.

> **MARCARTE METAS ES EL PRIMER PASO PARA CONVERTIR LO INVISIBLE EN LO VISIBLE.**

Tony Robbins

> **NO PIERDAS EL TIEMPO JUZGÁNDOTE POR LO QUE HAYAS HECHO MAL EN LA VIDA, MEJOR PREOCÚPATE Y OCÚPATE POR EMPEZAR A HACER EL BIEN, ACUÉRDATE LA VIDA SOLO ES UNA Y ES HORA DE EMPEZAR A VIVIR"**

Arturo Hernández. R.

7. LOS LÍDERES DEBEN TENER PROPÓSITO DE FUTURO PUNTO DE VISTA IMPULSO:

» Sentido de los cambios. PRO-PÓ-SI-TO

3 dimensiones:

- ✓ Pasón-Sentir, salvo fallar.
- ✓ Perspectiva-Helicóptero-Difícil, confuso, turbulento y desconcertante=estimulante, emocionante y apasionante.
- ✓ Significado-No productos, quienes estarán trabajando, el por qué significa el trabajo.

7. LOS LÍDERES DEBEN TENER PROPÓSITO DE FUTURO PUNTO DE VISTA IMPULSO LIDERAZGO "l"

Fijar el establecimiento de unos objetivos como equipo, es una tarea que responde a la necesidad de tener un horizonte sólido hacia futuro y al que debemos encaminar nuestros pasos, algo que genere una expectativa y posible motivación. Una pista clara y determinada de lo que queremos, y lo que no. un ideario de los principios en los que creemos, una visión, un movimiento claramente positivo.

Responsabilidad social empresarial y empresas con propósito

La Responsabilidad Social Empresarial Es una forma de gestión en la cual las empresas transforman su forma de operar y hacer negocios buscando ser más sustentables en lo económico, social y ambiental.

esta visión ofrece beneficios a todos los interesados y ha sido el punto de partida por las empresas con propósito.

Las empresas con propósito son aquellas que aspiran a tener un gran impacto positivo y de orden superior, el cual no solamente se centra en obtener utilidades, dinero. esto les da ventajas competitivas en términos de mayor compromiso e integración por parte de sus empleados y mayor lealtad del cliente, situaciones que las conduce a generar mayores ingresos.

8. LOS LÍDERES Y EL LARGO PLAZO LIDERAZGO "l"

» Objetivos a corto

Los objetivos de corto plazo pueden definirse de manera mensual, en el caso de empresas grandes ya que cuentan con un flujo de facturación más alto que el de una pequeña o mediana empresa.

» Objetivos a mediano plazo

Se tratan de los objetivos alcanzar a lo largo de un año e incluso pueden ser bianuales.

» Metas a largo plazo

Los objetivos a largo plazo tienen que ver con cómo se ven se ven las empresas al cabo de 5 años o más.

9. LOS LÍDERES COMPRENDEN QUE HAY INTERESES CREADOS

Deberán dar un nivel de satisfacción a todos los componentes de la empresa:

- ✓ Accionistas
- ✓ Empleados
- ✓ Clientes, etc...

9. LOS LÍDERES COMPRENDEN QUE HAY INTERESES CREADOS LÍDERES "l"

Con mucha frecuencia, las buenas ideas o las estrategias renovadas de directivos que entran nuevos en una empresa fracasan al cabo de poco tiempo. Un estudio de Cámaras Industriales y de Comercio determina que las causas que impiden que los aires de renovación se implementen y se conviertan en realidad en una empresa. Según sus autores, comunicar mal las funciones, la falta de capacitación y la cultura empresarial predominante en la organización (con sus intereses creados) son los mayores obstáculos a los que se enfrentan los directivos que quieren que sus ideas audaces se hagan realidad.

La primera razón, según el estudio, es la falta de enfoque. Las empresas no pueden centrarse en muchos aspectos importantes al mismo tiempo. Si la cabeza de la organización decide afrontar muchas iniciativas a la vez, los mandos intermedios y los empleados es muy probable que vivan instalados en la confusión. En este contexto, aquella visión entusiasta se perderá en una marea de otras prioridades, quizá menos importantes. Es decir, el presidente no ha sabido focalizar y transmitir a sus ejecutivos que lo verdaderamente importante es implementar aquella idea audaz.

10. LOS LÍDERES CREAN ALIANZAS Y ASOCIACIONES ESTRATÉGICAS

Ven el mundo en forma global y saben que ya no es posible esconderse.

10. LOS LÍDERES CREAN "ALIANZAS Y ASOCIACIONES ESTRATÉGICAS" LÍDERES "l"

Las alianzas estratégicas entre empresas pueden llevar al máximo el potencial de un negocio. Conoce todo lo que debes saber sobre ellas y la importancia de las alianzas estratégicas entre empresas.

Una alianza estratégica es un acuerdo entre dos o más empresas (u organizaciones) que se unen para alcanzar ventajas competitivas que no alcanzarían por sí mismas a corto plazo sin gran esfuerzo.

Cada alianza es realizada con una finalidad u objetivo, dependiendo de lo que la empresa busca conseguir efectúa o plantea un intercambio con la otra parte. Entiendo esto, podemos identificar dos vertientes:

1. Alianzas defensivas: se busca la supervivencia de la empresa o el negocio.
2. Alianzas ofensivas: aumentar de la ventaja competitiva.

PLANTEAMIENTO DEL PROBLEMA
LIDERAZGO CON "l" MINÚSCULA

PANORAMA NACIONAL DE LA CAPACITACIÓN

Entre 2020-2022 se impartieron cursos "Internos y Externos sobre Desarrollo de Habilidades Gerenciales y Liderazgo"

No. De Cursos	Sector
12,000	Minero
23,000	Manufacturero
4,000	Energético
8,300	Principales empresas constructoras
17,000	Establecimientos comerciales
11,200	Comunicaciones y Transportes
22,000	Financiero
9,000	Industria Maquiladora de Exportación

Datos proporcionados por Director del Sector de Capacitación en el INEGI

PLANTEAMIENTO DEL PROBLEMA

- QUALITY S.C. ASESORES D.O. Entre 2020-2022 se impartieron aproximadamente 17,000 cursos internos y externos sobre "Desarrollo de Habilidades Gerenciales"
- Esto representó una inversión directa superior a los 300 millones de pesos
- A juicio de los usuarios (Tiendas Departamentales y de Autoservicio), los resultados fueron pobres, (no respondieron a los que esperaban)

DESPACHO QUALITY S.C. ASESORIA EN D.O....2022

EFECTO

- Fuerte dispendio de recursos (Tiempo, esfuerzo y dinero).
- Alto deterioro de la credibilidad en las acciones formativas y de capacitación (solo un gasto).
- Decepción y rechazo de usuarios* y gerentes hacia la capacitación. (Formación sin resultados)
- Impacto en los profesionales de la formación y la capacitación.

CÍRCULO VICIOSO

Resultado: DETERIORO SOSTENIDO DEL SISTEMA

CÍRCULO VIRTUOSO

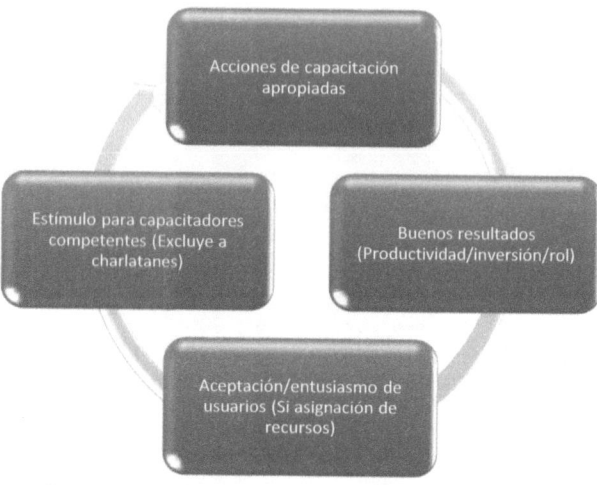

Resultado: CRECIMIENTO SOSTENIDO DEL SISTEMA

Al referirse a su personal, la mayoría de las organizaciones preguntan:

¿Qué tan domesticados están?

en vez de

¿Qué tan creativos son?

SE NECESITA MUCHO TALENTO PARA MANEJAR A LA GENTE CON BASE A SUS HABILIDADES

Debido a esto, en general, lo que tenemos no son gerentes si no entrenadores de animales.

ES LAMENTABLE TENER A UN UNIVERSITARIO EN UN EMPLEO INSIGNIFICANTE, DESEMPEÑANDO LA LABOR DE UN IDIOTA

¿Cuáles cree usted que son las cualidades de liderazgo?

¿Qué experiencia fueron vitales para su vida?

¿Hay personas en su vida o en general personas a quienes usted admira?

¿Qué pueden hacer las empresas para estimular o paralizar a los líderes?

LÍDERES GENERALES
COMPETENCIA, VIRTUD Y PROPÓSITOS

» La competencia o los conocimientos sin propósito y sin virtud producen Técnicos > CORDINACIÓN

» La virtud sin propósito y sin conocimientos producen SOÑADORES: CORDINACIÓN

» Los teorizantes sin virtud y sin conocimientos producen POPULITAS > CORDINACIÓN

CREATIVIDAD EMPRENDEDORA CON LIDERAZGO CON "l"

¿Qué es aquello que hacen mejor los empresarios? Incluyen pequeños nichos de mercados y, si tienen éxito, crean productos o servicios que satisfacen la demanda y, si su éxito es en verdad bienaventurados, defenderán el nicho que hayan creado.

¿Qué es aquello que hacen mal los empresarios? Predecir cambios futuros, en particular aquellos hechos sobre los cuales creen poder modificar. De manera común, los empresarios creen que pueden controlar los cambios futuros, lo anterior es parte importante del deseo individualista que da por resultados que se vuelvan empresarios. Los empresarios actuales que lean y estudien más, conseguirán un diagnóstico mayor para entender su situación actual y planear mejor considerando sus circunstancias futuras.

Es el dinero en efectivo, no conceptos contables tales como pérdidas y ganancias lo que determina cómo debe ser manejada una empresa. Es el nivel presente y futuro de efectivo lo que determina estrategias apropiadas y disponibles, por consiguiente, el valor final.

La carga que acompaña a los emprendedores creativos, que casi por definición ven con desdén a la autoridad y con desprecio a la burocracia, causa más trastornos de los manejables conforme a la perspectiva de una gran organización cuyo tamaño requiere más disciplina y más motivación orquestada que la requiere la innovación de empresarios individuales.

¿Podría decirse que las multinacionales tienen a su favor la ventaja de contar con las aptitudes y con el conocimiento interno de un buen número de emprendedores?

- Concretamente, con aquellos que quieren asumir ciertos riesgos personales en la búsqueda de utilidades. ¿Esta ventaja será suficiente para compensar los estragos internos que individuos inspirados así son capaces de generar? Aunque las grandes empresas aprovechan empresarios así, probablemente no podría llevar a cabo los ajustes y las avenencias necesarias.
- En estas reflexiones sobre administradores y ejecutivos, se describe excelentemente las aptitudes, los conocimientos, los sistemas y valores que los administradores y ejecutivos deben tener para desenvolverse con eficacia. Esbozan la forma en que una persona pasa de no administrador a administrador y luego a ejecutivo.
- Enseguida describo el modo en que los empresarios se vuelven ejecutivos de la noche a la mañana y deben captar los elementos esenciales de la administración de negocios rápidamente y realizando el trabajo. Realizar, no estudiar, es probable el modo normal de adquirir la instrucción empresarial.

- Aunque son muchos los que afirman anhelar tener el lujo de la autodeterminación, solo unos cuantos están en verdad preparados para asumir la responsabilidad y la soledad que entraña ser el capitán del barco.
- Las organizaciones de más tamaño, sean burocracias gubernamentales o comerciales no son el terreno apropiado para que en ellas florezcan o medren empresarios. Aquellos líderes que logren ascensos y poderío en corporaciones no suelen ser aquellas personas que tengan las características de los empresarios de éxito. Es probable, sin embargo, que sean mejores asesores sobre el terreno y mejores practicantes del arte de lo posible. En el seno de las grandes empresas, los que ganan son aquellos que tienden a ser más manipuladores y menos directos.

- Cometen menos errores y por ende tienen menos ganancias importantes. También, tal vez sean, o parezcan ser, gente "más grata" o, cuando menos habrán desarrollados las aptitudes de sus colaboradores a un punto talque quienes sean más poderosos que ellos mismos las "consideren gratas". El empresario de éxito suele ser más amedrentador respecto a aquellos sobre los que disfrutan de más poder, y ser más amistoso respecto a aquellos sobre los que disfrutan de más poder o que no lo tienen como carga de su puesto.
- Los empresarios son gente muy diferente de quienes tienen éxito en compañías de mayor tamaño. Esto no significa que sean mejores o peores, simplemente que son diferentes. Las características y los problemas potenciales asociados con jóvenes emprendedores dotados son singularmente parecidos a los problemas aplicables a los empresarios. En seguida parece una selección de rasgos emprendedores:

  - ✓ Buena actitud verbal
  - ✓ Facultades superiores de observación
  - ✓ Lapso prolongado de atención, persistencia, concentración intensa
  - ✓ Creatividad, originalidad
  - ✓ Habilidad en relación, para hacer contactos
  - ✓ Sutileza
  - ✓ Alto nivel de energía
  - ✓ Independencia

- Plantean estas reflexiones de manera delicada, pero con eficacia, el problema de utilidades, tal como lo hacen otros muchos libros sobre negocios. Es lamentable que tener utilidades quede con mucha frecuencia sin ser definido por muchos de los individuos que se embarcan en la consecución de una carrera. Por consiguiente, valores diferentes de los del individuo son impuestos por otros y autoimpuestos por los empresarios. Creo que, si hubiera una determinación individualista e introspectiva de una definición personal de lo que es obtener utilidades, habría menos frustraciones como resultado del proceso empresarial.

1. Los empresarios son generadores de la empresa. En cierto sentido se parecen a los artistas y arquitecto que tienen visiones y proyectos grandiosos que no siempre son comunicados eficazmente a los demás.
2. En muchos casos, ni siquiera el emprendedor puede articular plenamente el plan final.
3. Los emprendedores marchan con base en intuición y "sentimiento".
4. Sin embargo, deben de ser capaces de persuadir a quienes tienen los recursos necesarios para el éxito del plan de negocios, ya que es esencial disponer de esos recursos y controlarlos.
5. No es común que los empresarios mientan, tampoco creen que estén embelleciendo o exagerando los logros y los objetivos del proyecto en ciernes, aun cuando es verdad que estos dos elementos pueden volverse intercambiables en las presentaciones.
6. Es mucho más probable que los empresarios sean víctimas de fraude, no que sean los perpetradores de él. Si los empresarios fueran más cínicos sufrirían menos chascos, pero realizarían menos cosas.
7. Los empresarios necesitan controlar. Creen de buena fe que pueden controlar acontecimientos futuros. Y que por

ello no necesitan mentir a nadie por la sencilla razón de que pueden alcanzar los resultados propuestos merced al poderío de su voluntad.

8. La necesidad punto menos que omnipresente de tener control y muy probablemente esté basada en inseguridad.
9. Sin embargo, a los ojos de los demás, el empresario exuda confianza y muestra indudablemente estar en control absoluto la situación. Tal vez esté deseando un consejo, pero rara vez aceptará colocarse en situación de aparecer dominado por individuos o circunstancias.
10. La riqueza no es el objetivo primordial de la mayoría de los empresarios. Dan por sentado el éxito y saben que en nuestra sociedad éxito comercial y riqueza son casi siempre sinónimos.
11. La verdad es que el poderío que acompaña a la riqueza es el fruto más dulce y una fuerza más que impulsora.
12. El objetivo de los empresarios es el poder para producir cambios, para crear y desarrollar, para tomar decisiones y cometer errores.
13. El empresario tiene la necesidad de probarse a sí mismo. Esta necesidad es, con frecuencia, resultado de haber tenido una relación particularmente vigorosa con uno de los padres o, en el caso de empresarios situados en operaciones basadas en tecnología, con un grupo de antiguos colegas o un jefe anterior.
14. Los empresarios querrán ponerse a prueba precisamente en aquellos campos en que se les dijo que no tendrían éxito o que no debían tocarse.
15. Los empresarios saben muy bien que pueden lograr que ocurra alguna cosa particular. Por desgracia, es frecuente que sepan que su compañía logrará un resultado específico el año entrante, aun cuando el año deba tener unos cuantos meses más de crédito por ingresos que los doce que son normales.

16. Uno de los problemas que enfrentan los inversionistas en las empresas privadas es que la definición de éxito por el empresario puede estar más relacionadas con el producto y la satisfacción del cliente que con la creación de una utilidad inmediata. Inversionistas y empresarios deberán analizar con toda franqueza objetivos y metas específicas antes de realizar la inversión.
17. Suele suceder que los empresarios que inician un negocio sean autofinanciados o que cuentan con el capital de familiares y amigos. No es cosa común que las fuentes comerciales y profesionales de financiamiento estén al alcance de los empresarios.
18. De ordinario aceptan sacrificar ingresos y ciertamente, conforme a la definición normal, su seguridad, cuando ponen en marcha un negocio. Como tienen la mira puesta en un negocio que empieza. Los impacientan los detalles administrativos y también los relacionados con la autoridad y con la burocracia.
19. Hay un mito generalizado y destructor según el cual los empresarios aman el riesgo. Todo lo contrario. Por naturaleza, los empresarios esquivan los riesgos. Temen la impredecibilidad de acontecimientos sobre los cuales no tienen control. Es raro ver empresarios en los casinos. Más bien se encuentran pendientes de esquís, velando, trepando montañas, o en alguna actividad que sea retadora y que ausente observador, pero en la cual el participante ejerce un buen control.
20. Quienes escogen ser empresarios o patrones (cuando tienen ante sí la opción) lo hacen contraponiendo la opción de ser empleados y, por consiguiente, de tener menos control de su vida. Si los observadores, en particular de quienes son cuidadores del dinero de los demás, entendieran la aversión natural del empresario hacia los riesgos, se les facilitaría a los empresarios conseguir financiamiento. Lo anterior puede ser una circunstancia

favorable, pues los empresarios son el recurso más productivo de muchos países.

21. Los empresarios son optimistas y creen en su aptitud para controlar su futuro; en cambio, son propensos a la preocupación. Quizás sería mejor que no tuviera tanta seguridad de su victoria final, pues de ese modo podrían aplicar alguna energía a cubrirse los flancos y la retaguardia a inclusive a buscar reforzamientos para el caso de que sean necesarios.
22. Una de las características que me parece más interesantes es la aptitud mayor que los empresarios tienen para recibir corrientes de cambio y para desplegar los resultados de fuerzas que impelen negocios.
23. Resaltar la necesidad de planeación alterna o de contingencia antes los empresarios, en particular ante los más jóvenes, significará prestar un inapreciable servicio educativo.

Creo que sería muy constructivo dar a los empresarios en ciernes un foco y una perspectiva que les permitan:

1. Medir su éxito de modo tal que entiendan que ganar mucho suele ser resultado de muchas ganancias pequeñas, por cuya razón estas ganancias a corto plazo y, probablemente de poca monta, deben ser vistas como importantes.
2. Entender que no todas las situaciones van a funcionar del modo deseado, y que la mayoría de las empresas humanas no logran los resultados predichos originalmente por quienes lo concibieron e iniciaron.
3. Entender que los éxitos verdaderamente importantes son medidos y medibles, en términos generales mucho después de haber ocurrido el evento.
4. Entender que sobrevivir, es decir, seguir en la brecha, es vital para el éxito final.
5. Entender que ganar, visto en retrospectiva, puede ser explicado como resultado de haber tenido el juicio y el valor para dar marcha atrás en el punto determinado, cuando todavía había recursos disponibles, para poder recuperarse y contraatacar.

Con frecuencia creo que un fénix sería un mejor símbolo de empresa que el águila, más tradicional. El empresario excesivamente macho "macho" suele tener un miedo excesivo a pesar que es cobarde o a que los demás lo consideren como tal.

En México hay unas tres millones novecientas mil empresas. Cuando empresarios nuevos inician nuevos negocios, suele crearse una buena dosis de actividad. Se crean empleos, se compran bienes y servicios, se aprenden y transfieren aptitudes, se venden productos y servicios, se rentan o compran oficinas y locales, y se pagan impuestos. Un buen porcentaje de nuevos negocios se cierran, los cual es muy diferente a la idea destructora y errónea de que un alto porcentaje de nuevos negocios quiebran.

"noventa por ciento de las empresas que desaparecen es por voluntad de sus dueños, por ejemplo, En realidad, hay unas 60 000 quiebras al año contra más de 600 000 empresas nuevas. Otra razón del cierre de empresas es la imposibilidad de la nueva empresa de conseguir crédito. Se suele negar crédito a las empresas nuevas porque se sabe que la mayoría de los negocios nuevos fracasan en sus cinco primeros años. No se trata de una "quiebra" en el sentido tradicional, sino más bien de una falta de continuidad.

La clave de que los negocios salgan adelante es el flujo de efectivo. Creo que lo que más necesitan los empresarios es una comprensión plena y realista de proyecciones de flujo de efectivo y de análisis de margen de utilidades. El mejor consejo que debe darse a los empresarios es no quedarse sin efectivo. Y si un empresario necesita dinero, el mejor modo de conseguirlo es demostrar al probable prestamista cuándo y cómo devolverá su préstamo.

Para los empresarios lo importantes es la disponibilidad de efectivo, no la utilidad. La utilidad es un concepto de contaduría y es la base de los impuestos. Con el efectivo se pagan rentas, salarios, y a los proveedores. Si no se cuenta con el efectivo apropiado, nada va a funcionar y el empresario corre el riesgo de convertirse en consultor o en asesor de empresarios futuros en cuanto a la necesidad de efectivo. La meta primordial del esfuerzo que entraña la creación de un plan de negocios es entender las permutaciones del ciclo de desarrollo proyectado para poder valorar el monto y la sincronización del efectivo necesitado.

El futuro puede ser atemorizador para aquellos a quienes puede beneficiar mucho mantener el statu quo. El futuro es incontenible por mucho que tratemos de oponernos a su marcha. Inevitablemente el futuro será resultado del cambio. Los empresarios deben buscar el resto del cambio constructivo y hacer que ocurran muchas cosas.

MANUAL DE CULTURA ORGANIZACIONAL

RESULTADOS EN 30 EMPRESAS IMPLEMENTANDO "l" LIDERAZGO... PYMES MEXICANAS, QUALITY S.C.

VISION

Ser la empresa líder en servicios integrales, garantizando a nuestros clientes calidad total y satisfacción, logrando un desarrollo sano y sostenido en armonía con el medio ambiente.

MISION

Proporcionar servicios de calidad en el transporte de personas, equipajes y envíos a nivel nacional e internacional, así como comercializar bienes y servicios, enfocados hacia la cobertura total mediante enlaces, eficiencia en los procesos, un alto espíritu de servicios y desarrollo del capital humano, para generar valor a: clientes, personal y accionistas.

VALORES

- Seguridad
- Rentabilidad
- Servicio
- Desarrollo humano
- Integridad

PRESENTACIÓN DEL DIRECTOR GENERAL

Estimados:

La sociedad en la que vivimos demanda, cada vez más, producción y servicios con estándares de calidad internacional.

Enfrentamos, día a día y momento a momento el acelerado impacto económico en la operación, las leyes de protección al medio ambiente, la creciente responsabilidad social y el impacto de nuestras competencias en nuestras actividades, así como la crisis económica y de la PANDEMIA actual. Hoy más que nunca, ante los retos que se nos presentan y ante la necesidad de lograr la permanencia de nuestra empresa, todo lo que hacemos tiene que responder a cuatro criterios guía:

- Que sea SER PARA SERVIR

- Que sea para ahorrar y respetar presupuestos

- Que sea para vender mejor y logrando objetivos

- Que sea para mejorar en calidad total el clima laboral

Con todo esto en mente, hemos querido formalizar nuestro compromiso como organización ante estos desafíos a través del presente "MANUAL DE CULTURA ORGANIZACIONAL", el cual debe, ser conocido y asumido como compromiso personal por todos los Directivos, Gerentes y personal del día a día.

Atentamente
DIRECTOR GENERAL

www.ingramcontent.com/pod-product-compliance
Lightning Source LLC
Chambersburg PA
CBHW031545210526
45464CB00003B/1151